MANDALAS DE MUJERES PODEROSAS

Un increíble libro de colorear que proporcionará
relajación e inspiración a niñas y feministas

WomArt Editions

CPSIA information can be obtained
at www.ICGtesting.com
Printed in the USA
BVHW021421280323
661285BV00008B/643